The Blue Butterfly: Short Stories In French for Beginners

Artici Bilingual Books

Published by Artici Bilingual Books, 2024.

While every precaution has been taken in the preparation of this book, the publisher assumes no responsibility for errors or omissions, or for damages resulting from the use of the information contained herein.

THE BLUE BUTTERFLY: SHORT STORIES IN FRENCH FOR BEGINNERS

First edition. March 30, 2024.

ISBN: 979-8224862931

Written by Artici Bilingual Books.

Table of Contents

La Fleur Mystérieuse

Il était une fois dans un petit village au cœur de la campagne française, une jeune femme nommée Sophie. Sophie était une fleuriste passionnée par les mystères de la nature. Chaque jour, elle arpentait les champs à la recherche de fleurs rares et extraordinaires.

Un matin, alors qu'elle se promenait dans la forêt voisine, Sophie découvrit une fleur qu'elle n'avait jamais vue auparavant. Elle était d'un violet éclatant, avec des pétales délicats qui semblaient briller sous les rayons du soleil. Intriguée par cette découverte, Sophie décida de la ramener dans sa boutique.

Lorsqu'elle posa la fleur sur son comptoir, un homme mystérieux entra dans la boutique. Il avait les yeux aussi bleus que le ciel et un sourire énigmatique aux lèvres. "Cette fleur est très spéciale", dit-il d'une voix douce. "Elle ne fleurit qu'une fois par siècle et apporte la chance à celui qui la possède."

Sophie était émerveillée par les paroles de l'homme mystérieux. Elle décida de prendre soin de la fleur avec tout son amour et son attention. Chaque jour, elle l'arroserait, la protégerait du vent et du froid, et lui parlerait doucement comme on parle à un ami cher.

Peu de temps après, des choses étranges commencèrent à se produire dans la vie de Sophie. Sa boutique prospérait comme jamais auparavant. Les clients affluaient de tous les coins du village pour admirer la beauté de ses fleurs et sentir leur parfum enivrant.

Mais ce n'était pas tout. Sophie remarqua également des changements subtils dans sa propre vie. Elle se sentait plus confiante et plus sûre d'elle-même. Les défis qui lui semblaient insurmontables auparavant semblaient maintenant à sa portée. Elle savait que c'était la fleur mystérieuse qui lui apportait cette chance inattendue.

Un jour, alors qu'elle se promenait dans la forêt, Sophie rencontra à nouveau l'homme mystérieux. Il lui sourit chaleureusement et lui dit : "Tu as su voir la beauté et la magie qui se cachent dans chaque fleur. C'est pourquoi la fleur mystérieuse t'a choisie pour être sa gardienne."

Sophie était bouleversée par ces paroles. Elle n'avait jamais imaginé qu'une simple fleur pourrait changer sa vie de manière si profonde. Elle remercia l'homme mystérieux du fond du cœur et retourna chez elle, déterminée à continuer à prendre soin de la fleur avec encore plus d'amour et d'attention.

Et même si l'homme mystérieux ne revint jamais, Sophie savait qu'il veillait sur elle de quelque part, comme un gardien invisible mais bienveillant. Et chaque fois qu'elle regardait la fleur mystérieuse, elle se souvenait de la magie de ce jour où sa vie avait changé pour toujours.

The Mysterious Flower

Once upon a time in a small village in the heart of the French countryside, there was a young woman named Sophie. Sophie was a florist passionate about the mysteries of nature. Every day, she walked through the fields in search of rare and extraordinary flowers.

One morning, as she wandered through the nearby forest, Sophie discovered a flower she had never seen before. It was a vibrant purple, with delicate petals that seemed to shine in the sunlight. Intrigued by this discovery, Sophie decided to bring it back to her shop.

As she placed the flower on her counter, a mysterious man entered the shop. He had eyes as blue as the sky and an enigmatic smile on his lips. "This flower is very special," he said in a soft voice. "It blooms only once a century and brings luck to whoever possesses it."

Sophie was amazed by the man's words. She decided to take care of the flower with all her love and attention. Every day, she would water it, protect it from the wind and cold, and speak to it softly as one speaks to a dear friend.

Soon after, strange things began to happen in Sophie's life. Her shop flourished as never before. Customers flocked from all corners of the village to admire the beauty of her flowers and smell their intoxicating fragrance.

But that was not all. Sophie also noticed subtle changes in her own life. She felt more confident and self-assured. The challenges that had seemed insurmountable before now seemed within her reach. She knew that it was the mysterious flower that brought her this unexpected luck.

One day, while walking in the forest, Sophie met the mysterious man again. He smiled warmly at her and said, "You have seen the beauty and magic hidden in every flower. That's why the mysterious flower chose you to be its guardian."

Sophie was overwhelmed by these words. She had never imagined that a simple flower could change her life so profoundly. She thanked the mysterious man from the bottom of her heart and returned home, determined to continue taking care of the flower with even more love and attention.

And even though the mysterious man never returned, Sophie knew that he was watching over her from somewhere, like an invisible but benevolent guardian. And every time she looked at the mysterious flower, she remembered the magic of that day when her life had changed forever.

La Araignée

Dans un petit village au bord de la mer, il y avait un homme nommé Pierre. Pierre était pêcheur, un homme fort et silencieux qui passait ses journées sur son bateau, à chercher des poissons dans les eaux profondes.

Un soir, alors qu'il rentrait chez lui après une longue journée de travail, Pierre remarqua une araignée sur le mur de sa maison. Elle était petite et noire, avec des pattes fines qui semblaient danser dans la lumière du crépuscule.

Pierre aurait pu l'écraser d'un geste de la main, mais quelque chose l'en empêcha. Il resta là, à regarder l'araignée grimper lentement le long du mur, ses mouvements gracieux presque hypnotiques.

Cette petite araignée devint une sorte d'obsession pour Pierre. Chaque soir, il rentrait chez lui en espérant la revoir, à grimper sur le mur de sa maison. Il lui parlait parfois, lui racontant ses aventures en mer et ses rêves pour l'avenir.

Les gens du village commencèrent à remarquer le comportement étrange de Pierre. Certains se moquaient de lui, disant qu'il avait perdu la tête pour s'intéresser à une simple araignée. Mais Pierre s'en fichait. Pour lui, cette araignée était devenue une amie, une confidente silencieuse qui écoutait ses pensées les plus intimes.

Un jour, alors qu'il était en mer, une tempête éclata soudainement. Les vagues se dressaient comme des géants furieux, menaçant de submerger le petit bateau de Pierre. Pris au piège dans la tourmente, Pierre lutta désespérément pour garder le contrôle de son navire.

Pendant des heures, il se battit contre les éléments déchaînés, priant pour sa vie et pour celle de son bateau. Et alors qu'il commençait à perdre espoir, il se souvint de l'araignée. Il pensa à sa force et à sa résilience, à sa capacité à grimper malgré les obstacles.

Avec un dernier effort, Pierre redoubla d'efforts pour maintenir le cap de son bateau. Et finalement, après une nuit interminable, la tempête se calma et le calme revint sur la mer.

Le lendemain, lorsque Pierre rentra chez lui, il remarqua que l'araignée n'était plus là. Il regarda autour de lui, inquiet, mais elle semblait avoir disparu. Pourtant, à cet instant, Pierre sut qu'elle était toujours là, quelque part, veillant sur lui comme une vieille amie.

À partir de ce jour-là, Pierre ne vit plus jamais l'araignée sur le mur de sa maison. Mais chaque fois qu'il regardait la mer, il se souvenait de sa force et de sa résilience, et il savait qu'elle était toujours là, quelque part, dans les profondeurs de son âme.

The Spider

In a small village by the sea, there was a man named Pierre. Pierre was a fisherman, a strong and silent man who spent his days on his boat, searching for fish in the deep waters.

One evening, as he was returning home after a long day of work, Pierre noticed a spider on the wall of his house. It was small and black, with thin legs that seemed to dance in the twilight.

Pierre could have crushed it with a flick of his hand, but something stopped him. He stood there, watching the spider slowly climb up the wall, its graceful movements almost hypnotic.

This little spider became something of an obsession for Pierre. Every evening, he would come home hoping to see it again, climbing on the wall of his house. Sometimes he would talk to it, telling it about his adventures at sea and his dreams for the future.

The people in the village began to notice Pierre's strange behavior. Some mocked him, saying he had lost his mind to be interested in a simple spider. But Pierre didn't care. To him, this spider had become a friend, a silent confidant who listened to his most intimate thoughts.

One day, while he was at sea, a storm suddenly broke out. The waves rose like furious giants, threatening to engulf Pierre's small boat. Trapped in the turmoil, Pierre fought desperately to keep control of his ship.

For hours, he battled against the raging elements, praying for his life and for that of his boat. And just as he was starting to lose hope, he remembered the spider. He thought of its strength and resilience, of its ability to climb despite obstacles.

With one last effort, Pierre redoubled his efforts to steer his boat. And finally, after an endless night, the storm subsided and calm returned to the sea.

The next day, when Pierre returned home, he noticed that the spider was no longer there. He looked around, worried, but it seemed to have disappeared. Yet, at that moment, Pierre knew that it was still there, somewhere, watching over him like an old friend.

From that day on, Pierre never saw the spider on the wall of his house again. But every time he looked at the sea, he remembered its strength and resilience, and he knew that it was still there, somewhere, in the depths of his soul.

Le Chemin

Dans un petit village au cœur de la campagne française, vivait une jeune femme nommée Amélie. Amélie était une rêveuse, toujours en quête de sens et de vérité dans sa vie.

Un jour, alors qu'elle se promenait dans les champs, Amélie rencontra un vieil homme sage assis sous un arbre. Il avait les yeux brillants et le visage ridé par les années, mais son sourire était chaleureux et accueillant.

"Bonjour, jeune fille", dit l'homme avec un sourire bienveillant. "Que cherches-tu dans ces champs infinis ?"

Amélie s'approcha timidement de l'homme et s'assit à ses côtés. "Je cherche le sens de ma vie", répondit-elle avec hésitation. "Je veux trouver la liberté et le bonheur, mais je ne sais pas par où commencer."

L'homme hocha la tête, comme s'il comprenait les tourments d'Amélie. "La liberté et le bonheur ne se trouvent pas à l'extérieur, mais à l'intérieur de toi-même", dit-il doucement. "Il te suffit d'écouter ton cœur et de suivre le chemin qu'il te montre."

Amélie écouta attentivement les paroles de l'homme sage. Elle sentait son cœur battre plus fort dans sa poitrine, comme s'il voulait lui montrer la voie à suivre. Elle savait qu'elle devait écouter son instinct et suivre son propre chemin, même si cela signifiait affronter des défis et des obstacles sur sa route.

Le lendemain matin, Amélie se réveilla avec une détermination nouvelle. Elle savait qu'elle devait quitter son village et partir à la recherche de sa propre liberté. Sans perdre un instant, elle prépara son sac et se mit en route, sans savoir où le chemin la mènerait.

Les jours passèrent et les semaines s'écoulèrent, mais Amélie ne perdit jamais espoir. Elle marchait jour et nuit, traversant des forêts sombres et des montagnes escarpées, suivant la voie tracée par son cœur.

Un jour, alors qu'elle se reposait au bord d'une rivière, Amélie rencontra un voyageur solitaire assis sur la rive. Il avait les yeux tristes et le visage marqué par la fatigue, mais il avait un air de détermination dans son regard.

"Pourquoi es-tu triste, voyageur ?", demanda Amélie avec compassion.

Le voyageur leva les yeux vers elle et soupira. "Je cherche la liberté depuis si longtemps, mais je ne l'ai jamais trouvée", dit-il d'une voix lasse. "Je suis fatigué de marcher sans but, sans savoir où je vais."

Amélie posa doucement sa main sur l'épaule du voyageur. "La liberté ne se trouve pas à l'extérieur, mais à l'intérieur de toi-même", lui dit-elle, se rappelant les paroles de l'homme sage. "Il te suffit d'écouter ton cœur et de suivre le chemin qu'il te montre."

Le voyageur regarda Amélie avec étonnement. Il semblait surpris par la sagesse de ses paroles, comme s'il avait enfin trouvé quelqu'un qui comprenait ses tourments les plus profonds.

"Merci, jeune fille", dit-il avec un sourire reconnaissant. "Je vais suivre ton conseil et écouter mon cœur. Peut-être que je trouverai enfin la liberté que je recherche depuis si longtemps."

Amélie sourit à son tour, sachant qu'elle avait peut-être aidé le voyageur à trouver sa voie. Elle se leva et reprit son chemin, le cœur léger et rempli d'espoir pour l'avenir.

Les jours passèrent et les mois s'écoulèrent, mais Amélie ne perdit jamais de vue son objectif. Elle continua à suivre son propre chemin, écoutant son cœur et suivant les signes que la vie lui envoyait.

Et un jour, alors qu'elle se tenait au sommet d'une montagne, regardant le soleil se coucher sur l'horizon, Amélie sentit enfin un sentiment de paix et de liberté envahir son être tout entier. Elle savait qu'elle avait enfin trouvé ce qu'elle cherchait depuis si longtemps : la liberté d'être elle-même, où qu'elle aille et quoi qu'il arrive.

Et tandis qu'elle contemplait le ciel étoilé au-dessus d'elle, Amélie sut qu'elle avait enfin trouvé sa place dans le monde, libre de suivre son propre chemin, où que celui-ci la mène.

The Path

In a small village in the heart of the French countryside lived a young woman named Amélie. Amélie was a dreamer, always in search of meaning and truth in her life.

One day, as she was walking through the fields, Amélie met an old wise man sitting under a tree. He had bright eyes and a face wrinkled with years, but his smile was warm and welcoming.

"Hello, young girl," said the man with a kind smile. "What are you looking for in these endless fields?"

Amélie approached the man timidly and sat down beside him. "I'm looking for the meaning of my life," she replied hesitantly. "I want to find freedom and happiness, but I don't know where to start."

The man nodded, as if he understood Amélie's torments. "Freedom and happiness are not found outside, but within yourself," he said gently. "You just have to listen to your heart and follow the path it shows you."

Amélie listened carefully to the wise man's words. She felt her heart beating faster in her chest, as if it wanted to show her the way. She knew she had to listen to her instinct and follow her own path, even if it meant facing challenges and obstacles along the way.

The next morning, Amélie woke up with a new determination. She knew she had to leave her village and set out in search of her own freedom. Without wasting a moment, she packed her bag and set off, not knowing where the path would lead her.

Days passed and weeks went by, but Amélie never lost hope. She walked day and night, crossing dark forests and steep mountains, following the path traced by her heart.

One day, as she rested by a riverbank, Amélie met a lonely traveler sitting on the shore. He had sad eyes and a face marked by fatigue, but he had a determined look in his eyes.

"Why are you sad, traveler?" asked Amélie with compassion.

The traveler looked up at her and sighed. "I've been searching for freedom for so long, but I've never found it," he said wearily. "I'm tired of walking aimlessly, not knowing where I'm going."

Amélie gently placed her hand on the traveler's shoulder. "Freedom is not found outside, but within yourself," she told him, remembering the wise man's words. "You just have to listen to your heart and follow the path it shows you."

The traveler looked at Amélie with astonishment. He seemed surprised by the wisdom of her words, as if he had finally found someone who understood his deepest torments.

"Thank you, young girl," he said with a grateful smile. "I will follow your advice and listen to my heart. Perhaps I will finally find the freedom I've been searching for."

Amélie smiled back, knowing that she might have helped the traveler find his way. She got up and continued on her journey, her heart light and filled with hope for the future.

Days passed and months went by, but Amélie never lost sight of her goal. She continued to follow her own path, listening to her heart and following the signs that life sent her.

And one day, as she stood at the top of a mountain, watching the sun set on the horizon, Amélie finally felt a sense of peace and freedom wash over her entire being. She knew she had finally found what she had been searching for so long: the freedom to be herself, wherever she went and whatever happened.

And as she gazed at the starry sky above her, Amélie knew that she had finally found her place in the world, free to follow her own path, wherever it may lead her.

Marie et le Secret du Jardin

Dans un petit village au bord de la mer, vivait une jeune fille nommée Marie. Marie était une enfant solitaire qui aimait passer son temps à explorer les recoins de son jardin.

Un jour, alors qu'elle se promenait parmi les fleurs et les arbres, Marie découvrit une porte cachée derrière un buisson. Intriguée, elle ouvrit la porte et se retrouva face à un jardin enchanté, rempli de couleurs et de parfums enivrants.

Marie s'émerveilla devant la beauté du jardin secret. Elle se promena entre les parterres de fleurs et les allées ombragées, émerveillée par chaque nouvelle découverte.

Au bout du jardin, Marie trouva une petite cabane en bois. Elle s'approcha timidement et ouvrit la porte. À l'intérieur, elle découvrit une pièce sombre et mystérieuse, éclairée par la lumière filtrant à travers les feuilles des arbres.

Au centre de la pièce, Marie vit une vieille boîte en bois ornée de motifs complexes. Elle s'approcha lentement et l'ouvrit avec précaution. À l'intérieur, elle découvrit un trésor caché : un livre ancien, rempli de secrets et de mystères.

Marie prit le livre entre ses mains tremblantes et commença à le feuilleter. Elle découvrit des histoires de voyages lointains, de magie et d'aventures extraordinaires. Chaque page tournée révélait un nouveau monde, rempli de merveilles et de surprises.

Pendant des jours et des nuits, Marie se plongea dans le livre, oubliant le temps qui passait. Elle se laissa emporter par les récits fantastiques et les personnages fascinants, voyageant à travers des contrées lointaines et des époques oubliées.

Mais un jour, alors qu'elle lisait tranquillement sous un arbre, Marie entendit des bruits de pas derrière elle. Elle se retourna brusquement et vit un homme âgé se tenir devant elle, le visage empreint de tristesse.

"Que fais-tu ici, jeune fille ?", demanda l'homme d'une voix douce.

Marie referma précipitamment le livre et se leva, embarrassée. "Je suis désolée, monsieur, je ne voulais pas déranger", bafouilla-t-elle.

L'homme sourit et s'approcha lentement de Marie. "Tu ne me déranges pas, ma chère. Au contraire, je suis heureux de te voir ici", dit-il gentiment.

Il s'assit à côté d'elle et lui prit doucement la main. "Ce livre appartient à ma famille depuis des générations", expliqua-t-il. "Il renferme les histoires et les secrets de notre passé, ainsi que les rêves de ceux qui l'ont lu avant toi."

Marie regarda l'homme avec curiosité. "Qui es-tu ?" demanda-t-elle timidement.

L'homme sourit tristement. "Je suis le gardien de ce jardin et de ses secrets", répondit-il. "Mais mon temps touche à sa fin, et bientôt ce sera à toi de prendre ma place."

Marie était surprise par les paroles de l'homme. Elle ne comprenait pas vraiment ce qu'il voulait dire, mais elle sentait que quelque chose de spécial se passait ici, dans ce jardin enchanté.

L'homme lui tendit le livre avec un sourire encourageant. "Continue à lire, Marie. Continue à découvrir les histoires et les secrets de ce jardin. Et quand le moment viendra, tu sauras quoi faire."

Marie prit le livre avec précaution et le serra contre sa poitrine. Elle savait que ce livre était spécial, qu'il renfermait des secrets et des mystères qui allaient changer sa vie pour toujours.

Marie and the Secret of the Garden

In a small village by the sea, lived a young girl named Marie. Marie was a solitary child who loved to spend her time exploring the corners of her garden.

One day, as she wandered among the flowers and trees, Marie discovered a hidden door behind a bush. Intrigued, she opened the door and found herself facing an enchanted garden, filled with colors and intoxicating scents.

Marie marveled at the beauty of the secret garden. She walked among the flower beds and shaded paths, amazed by each new discovery.

At the end of the garden, Marie found a small wooden hut. She approached timidly and opened the door. Inside, she discovered a dark and mysterious room, illuminated by the light filtering through the leaves of the trees.

In the center of the room, Marie saw an old wooden box adorned with intricate patterns. She approached slowly and opened it carefully. Inside, she found a hidden treasure: an ancient book, filled with secrets and mysteries.

Marie took the book in her trembling hands and began to flip through it. She discovered stories of distant travels, magic, and extraordinary adventures. Each turned page revealed a new world, full of wonders and surprises.

For days and nights, Marie immersed herself in the book, forgetting the passing of time. She was carried away by the fantastic stories and fascinating characters, traveling through distant lands and forgotten times.

But one day, as she was reading quietly under a tree, Marie heard footsteps behind her. She turned abruptly and saw an old man standing before her, his face filled with sadness.

"What are you doing here, young girl?" asked the man in a gentle voice.

Marie hurriedly closed the book and stood up, embarrassed. "I'm sorry, sir, I didn't mean to disturb," she stammered.

The man smiled and approached Marie slowly. "You're not bothering me, my dear. On the contrary, I'm glad to see you here," he said kindly.

He sat down beside her and gently took her hand. "This book has been in my family for generations," he explained. "It holds the stories and secrets of our past, as well as the dreams of those who have read it before you."

Marie looked at the man curiously. "Who are you?" she asked timidly.

The man smiled sadly. "I am the guardian of this garden and its secrets," he replied. "But my time is coming to an end, and soon it will be up to you to take my place."

Marie was surprised by the man's words. She didn't really understand what he meant, but she felt that something special was happening here, in this enchanted garden.

The man handed her the book with an encouraging smile. "Keep reading, Marie. Keep discovering the stories and secrets of this garden. And when the time comes, you'll know what to do."

Marie took the book carefully and held it against her chest. She knew that this book was special, that it held secrets and mysteries that would change her life forever.

Le Jeu

Dans un petit village au cœur de la campagne, vivait un garçon nommé Julien. Il était curieux et toujours en quête d'aventures, mais il passait souvent ses journées seul, sans amis avec qui jouer.

Un jour, alors qu'il se promenait dans la forêt près de chez lui, Julien trouva un vieux livre poussiéreux caché sous un buisson. Intrigué, il le ramassa et l'ouvrit pour découvrir un jeu de société étrange et mystérieux. Les règles du jeu étaient simples : chaque joueur lançait un dé et avançait son pion sur le plateau en fonction du nombre obtenu. Mais ce qui rendait le jeu si particulier, c'étaient les cases spéciales dispersées sur le plateau, chacune représentant un défi ou une épreuve à surmonter.

Excité par sa découverte, Julien décida de ramener le jeu chez lui et d'y jouer. Il invita ses voisins à se joindre à lui, et bientôt le petit groupe était réuni autour de la table, prêt à relever le défi.

Le jeu commença innocemment, chaque joueur lançant le dé à tour de rôle et avançant son pion sur le plateau. Mais bientôt, ils réalisèrent que le jeu était plus que ce qu'il semblait être. Les défis qu'ils rencontraient sur le plateau semblaient étonnamment réels, et chaque épreuve les mettait à l'épreuve de manière inattendue.

Certains joueurs furent confrontés à des énigmes complexes qu'ils devaient résoudre pour avancer, tandis que d'autres furent confrontés à des défis physiques qui testaient leur force et leur agilité. Mais quel que soit le défi, chaque joueur était déterminé à réussir et à remporter la victoire.

Alors que le jeu progressait, Julien commença à remarquer quelque chose de curieux : les défis qu'ils rencontraient semblaient refléter les désirs et les peurs les plus profonds de chaque joueur. Certains étaient confrontés à leurs plus grandes craintes, tandis que d'autres étaient récompensés pour avoir surmonté leurs obstacles personnels.

Mais alors qu'ils approchaient de la fin du jeu, les joueurs réalisèrent que la véritable leçon du jeu n'était pas dans la victoire ou la défaite, mais dans le voyage lui-même. Chaque défi surmonté les avait rapprochés les uns des autres et leur avait permis de mieux se comprendre et de s'apprécier mutuellement.

Finalement, après des heures de jeu intense, Julien et ses amis atteignirent la dernière case du plateau. Ils se regardèrent les uns les autres avec un sourire complice, sachant que peu importait le résultat final, ils étaient déjà tous des gagnants.

Et alors qu'ils avançaient leur pion sur la dernière case, une lumière éblouissante les entoura, les enveloppant dans une aura de magie et de mystère. Et soudain, avec un éclat final, le jeu se termina, laissant derrière lui un sentiment de paix et de plénitude.

Quand Julien ouvrit les yeux, il se retrouva de retour dans la forêt, le livre posé à côté de lui. Il regarda autour de lui, émerveillé par la beauté de la nature qui l'entourait. Il avait l'impression d'avoir vécu une aventure incroyable, une aventure qui resterait à jamais gravée dans sa mémoire.

The Game

In a small village in the heart of the countryside lived a boy named Julien. He was curious and always seeking adventures, but he often spent his days alone, without friends to play with.

One day, while he was walking in the forest near his home, Julien found an old dusty book hidden under a bush. Intrigued, he picked it up and opened it to discover a strange and mysterious board game.

The rules of the game were simple: each player rolled a die and moved their pawn on the board according to the number obtained. But what made the game so special were the special squares scattered on the board, each representing a challenge or a trial to overcome.

Excited by his discovery, Julien decided to take the game home and play it. He invited his neighbors to join him, and soon the small group was gathered around the table, ready to take on the challenge.

The game started innocently, each player taking turns rolling the die and moving their pawn on the board. But soon, they realized that the game was more than it seemed. The challenges they encountered on the board seemed surprisingly real, and each trial tested them in unexpected ways.

Some players were faced with complex puzzles they had to solve to progress, while others were confronted with physical challenges that tested their strength and agility. But no matter the challenge, each player was determined to succeed and claim victory.

As the game progressed, Julien began to notice something curious: the challenges they encountered seemed to reflect the deepest desires and fears of each player. Some were confronted with their greatest fears, while others were rewarded for overcoming their personal obstacles.

But as they approached the end of the game, the players realized that the true lesson of the game was not in victory or defeat, but in the journey itself. Each challenge overcome had brought them closer together and allowed them to better understand and appreciate each other.

Eventually, after hours of intense play, Julien and his friends reached the last square on the board. They looked at each other with a knowing smile, knowing that no matter the final outcome, they were already all winners. And as they moved their pawn on the last square, a dazzling light surrounded them, enveloping them in an aura of magic and mystery. And suddenly, with a final flash, the game ended, leaving behind a feeling of peace and fulfillment.

When Julien opened his eyes, he found himself back in the forest, the book lying next to him. He looked around, amazed by the beauty of the nature surrounding him. He felt like he had experienced an incredible adventure, one that would forever be etched in his memory.

Le Papillon Bleu

Dans un petit village niché au cœur des montagnes, vivait une jeune femme nommée Élodie. Élodie avait toujours été fascinée par les histoires de magie et de mystère, et elle passait ses journées à rêver d'aventures extraordinaires.

Un jour, alors qu'elle se promenait dans les bois près de chez elle, Élodie découvrit un papillon bleu éclatant, posé sur une fleur sauvage. Elle s'approcha doucement et tendit la main, mais le papillon s'envola soudainement, disparaissant dans les airs avec grâce.

Élodie se mit à le poursuivre à travers la forêt, le cœur battant d'excitation. Elle le suivit à travers les rivières tumultueuses et les vallées verdoyantes, jusqu'à ce qu'elle arrive dans une clairière enchantée, cachée au cœur de la forêt.

Là, elle découvrit un vieil homme vêtu de haillons, assis au pied d'un arbre centenaire. Il avait des yeux brillants et un sourire malicieux, et il tenait dans sa main une boîte en bois ornée de motifs complexes.

"Bonjour, jeune fille", dit l'homme avec une voix douce. "Je suis le gardien de ce lieu magique, et je vois que tu as trouvé le chemin jusqu'à nous."

Élodie regarda autour d'elle avec émerveillement, émerveillée par la beauté de la clairière. "Qui es-tu ?" demanda-t-elle timidement.

L'homme sourit et lui tendit la boîte en bois. "Je suis le gardien des secrets de la forêt, et cette boîte renferme le plus grand de tous les trésors", expliqua-t-il. "Ouvre-la et découvre ce qui t'attend à l'intérieur."

Élodie prit la boîte entre ses mains tremblantes et l'ouvrit lentement. À l'intérieur, elle découvrit un papillon bleu éclatant, semblable à celui qu'elle avait vu plus tôt dans la forêt. Mais celui-ci était différent - il semblait rayonner d'une lumière magique, comme s'il était vivant.

"Ce papillon est un cadeau de la forêt, un symbole de magie et de renouveau", expliqua l'homme. "Il t'appartiendra tant que tu sauras prendre soin de lui et l'aimer de tout ton cœur."

Élodie regarda le papillon avec émerveillement, sentant une connexion profonde se former entre eux. Elle savait qu'elle devait le protéger et le chérir, et elle promit de veiller sur lui pour toujours.

Et ainsi, Élodie rentra chez elle avec le papillon bleu, le cœur rempli de joie et d'excitation. Elle le plaça dans une petite cage en verre près de sa fenêtre, où il pouvait admirer le monde extérieur et sentir la brise fraîche de la forêt.

Les jours passèrent et les semaines s'écoulèrent, mais Élodie et le papillon bleu restaient inséparables. Elle lui racontait des histoires de ses aventures dans la forêt, et il l'écoutait attentivement, battant des ailes avec bonheur.

Mais un jour, alors qu'Élodie se réveillait, elle découvrit avec horreur que le papillon bleu avait disparu de sa cage. Elle le chercha partout dans la maison, mais il était introuvable.

Dévastée par la perte de son ami, Élodie se mit à pleurer amèrement. Elle se sentait seule et désespérée, comme si une partie d'elle-même avait disparu avec le papillon.

Mais alors qu'elle s'apprêtait à abandonner tout espoir, elle entendit soudain un doux bourdonnement près de la fenêtre. Elle se retourna lentement et vit avec émerveillement le papillon bleu, volant gracieusement à travers la pièce.

Les larmes aux yeux, Élodie ouvrit la fenêtre et laissa le papillon s'envoler librement dans le ciel. Elle savait maintenant qu'il était temps pour lui de retourner dans la forêt, où il appartenait vraiment.

The Blue Butterfly

In a small village nestled in the heart of the mountains lived a young woman named Élodie. Élodie had always been fascinated by stories of magic and mystery, and she spent her days dreaming of extraordinary adventures.

One day, while she was walking in the woods near her home, Élodie discovered a vibrant blue butterfly perched on a wildflower. She approached it gently and reached out her hand, but the butterfly suddenly flew away, disappearing into the air with grace.

Élodie began to chase after it through the forest, her heart pounding with excitement. She followed it through turbulent rivers and green valleys until she arrived in an enchanted clearing, hidden deep in the forest.

There, she found an old man dressed in rags, sitting at the foot of an ancient tree. He had bright eyes and a mischievous smile, and he held in his hand a wooden box adorned with intricate patterns.

"Hello, young girl," said the man with a soft voice. "I am the guardian of this magical place, and I see that you have found your way to us."

Élodie looked around in wonder, amazed by the beauty of the clearing. "Who are you?" she asked timidly.

The man smiled and handed her the wooden box. "I am the guardian of the forest's secrets, and this box holds the greatest treasure of all," he explained. "Open it and discover what awaits you inside."

Élodie took the box in her trembling hands and opened it slowly. Inside, she found a vibrant blue butterfly, similar to the one she had seen earlier in the forest. But this one was different - it seemed to radiate with a magical light, as if it were alive.

"This butterfly is a gift from the forest, a symbol of magic and renewal," explained the man. "It will belong to you as long as you know how to take care of it and love it with all your heart."

Élodie looked at the butterfly with wonder, feeling a deep connection forming between them. She knew she had to protect and cherish it, and she promised to watch over it forever.

And so, Élodie went home with the blue butterfly, her heart filled with joy and excitement. She placed it in a small glass cage near her window, where it could admire the outside world and feel the fresh breeze from the forest.

Days passed and weeks went by, but Élodie and the blue butterfly remained inseparable. She told it stories of her adventures in the forest, and it listened attentively, fluttering its wings happily.

But one day, as Élodie woke up, she discovered with horror that the blue butterfly had disappeared from its cage. She searched everywhere in the house, but it was nowhere to be found.

Devastated by the loss of her friend, Élodie began to cry bitterly. She felt lonely and desperate, as if a part of herself had disappeared with the butterfly.

But just as she was about to give up all hope, she suddenly heard a soft buzzing near the window. She turned around slowly and saw with wonder the blue butterfly, gracefully flying through the room.

Tears in her eyes, Élodie opened the window and let the butterfly fly freely into the sky. She now knew that it was time for it to return to the forest, where it truly belonged.

L'Agent Secret

Dans une ville animée, où les gratte-ciel dominaient le ciel et où les rues grouillaient de monde, vivait un homme nommé Pierre. Pierre était un homme ordinaire en apparence, mais derrière son allure discrète se cachait un secret : il était un agent secret au service de son pays.

Chaque jour, Pierre se rendait au travail dans un grand immeuble de bureaux au centre-ville. Il saluait ses collègues avec un sourire poli, mais en réalité, il avait une mission secrète à accomplir.

Un jour, alors qu'il était assis à son bureau, Pierre reçut un message crypté sur son téléphone portable. Il le décoda rapidement et découvrit qu'il s'agissait d'une mission urgente : un groupe de terroristes prévoyait de commettre un attentat dans la ville, et il devait les arrêter à tout prix.

Sans perdre un instant, Pierre se leva de son bureau et se dirigea vers l'ascenseur. Il appuya sur le bouton pour descendre au sous-sol, où se trouvait le garage sécurisé de l'immeuble.

Là, il monta dans sa voiture de service, une voiture banale en apparence mais équipée de toutes les dernières technologies de pointe. Il démarra le moteur et se lança à la poursuite des terroristes.

Grâce à ses compétences exceptionnelles en conduite et à sa connaissance experte de la ville, Pierre parvint rapidement à repérer les suspects. Il les suivit discrètement à travers les rues encombrées, restant toujours à une distance prudente pour ne pas éveiller leurs soupçons.

Finalement, les terroristes arrivèrent à destination : un entrepôt abandonné à la périphérie de la ville. Pierre se gara à une distance sécuritaire et observa la scène avec attention, planifiant sa prochaine action.

Il sortit son téléphone portable et appela ses collègues pour les informer de la situation. Ensemble, ils mirent au point un plan d'attaque et se préparèrent à intervenir.

Pierre se glissa silencieusement hors de sa voiture et se faufila dans l'entrepôt par une porte dérobée. Il avança avec précaution, restant dans l'ombre pour ne pas être repéré.

À l'intérieur, il découvrit que les terroristes étaient en train de préparer une bombe qui pourrait causer d'innombrables victimes innocentes. Il savait qu'il devait agir vite pour les arrêter.

Avec une précision digne d'un professionnel, Pierre neutralisa un à un les membres du groupe, les maîtrisant sans faire de bruit. Il désactiva ensuite la bombe avec une expertise impressionnante, évitant ainsi une catastrophe imminente.

Quand tout fut terminé, Pierre appela la police pour les informer de l'arrestation des terroristes et de la désactivation de la bombe. Il sortit de l'entrepôt et se retrouva bientôt entouré par ses collègues, qui le félicitèrent pour son courage et son sang-froid.

Mais pour Pierre, ce n'était qu'une journée ordinaire dans la vie d'un agent secret. Il savait que son travail n'était jamais terminé, et qu'il devait rester vigilant en tout temps pour protéger son pays contre les menaces qui le guettaient.

The Secret Agent

In a bustling city, where skyscrapers dominated the sky and the streets were teeming with people, lived a man named Pierre. Pierre was an ordinary-looking man, but behind his discreet appearance lay a secret: he was a secret agent in the service of his country.

Every day, Pierre went to work in a large office building downtown. He greeted his colleagues with a polite smile, but in reality, he had a secret mission to accomplish.

One day, as he sat at his desk, Pierre received a coded message on his cell phone. He quickly decoded it and discovered it was an urgent mission: a group of terrorists was planning an attack in the city, and he had to stop them at all costs.

Without wasting a moment, Pierre stood up from his desk and headed for the elevator. He pressed the button to go down to the basement, where the building's secure garage was located.

There, he got into his service car, an inconspicuous vehicle equipped with all the latest cutting-edge technology. He started the engine and set off in pursuit of the terrorists.

Thanks to his exceptional driving skills and expert knowledge of the city, Pierre quickly managed to locate the suspects. He discreetly followed them through the crowded streets, always keeping a safe distance to avoid arousing their suspicions.

Finally, the terrorists reached their destination: an abandoned warehouse on the outskirts of the city. Pierre parked at a safe distance and carefully observed the scene, planning his next move.

He took out his cell phone and called his colleagues to inform them of the situation. Together, they devised a plan of attack and prepared to intervene.

Pierre silently slipped out of his car and sneaked into the warehouse through a back door. He advanced cautiously, staying in the shadows to avoid being spotted.

Inside, he discovered that the terrorists were preparing a bomb that could cause countless innocent casualties. He knew he had to act quickly to stop them.

With the precision of a professional, Pierre neutralized each member of the group one by one, subduing them without making a sound. He then expertly deactivated the bomb, averting an imminent catastrophe.

When everything was done, Pierre called the police to inform them of the terrorists' arrest and the bomb's deactivation. He emerged from the warehouse and was soon surrounded by his colleagues, who congratulated him for his courage and composure.

But for Pierre, it was just another ordinary day in the life of a secret agent. He knew his work was never done, and he had to remain vigilant at all times to protect his country from the threats that lurked.

Une Promenade au Bord de la Mer

Le soleil se levait doucement sur la côte, illuminant le sable doré et les vagues qui se brisaient doucement contre la plage. Marie se tenait là, les pieds nus dans le sable, observant l'horizon avec une profonde contemplation.

Elle aimait venir ici chaque matin, se perdre dans les nuances changeantes du ciel et de la mer, laissant ses pensées vagabonder au gré du vent.

Marie avait toujours été une rêveuse, une âme errante en quête de beauté et de sens dans ce monde chaotique. Elle aimait se promener seule sur la plage, s'imprégnant de la tranquillité et de la sérénité de l'océan.

Mais ce matin-là, quelque chose était différent. Marie sentait une étrange agitation dans l'air, comme si le monde autour d'elle était sur le point de changer.

Elle se mit à marcher le long de la plage, laissant ses pieds nus s'enfoncer dans le sable mouillé. Les vagues caressaient ses chevilles, lui apportant une douce fraîcheur qui lui faisait du bien au cœur.

Alors qu'elle avançait, elle remarqua une silhouette solitaire assise sur un rocher, contemplant l'horizon avec un air de mélancolie. Intriguée, Marie s'approcha lentement, sentant une étrange connexion se former entre elle et l'inconnu.

"Bonjour," dit-elle doucement, essayant de percer le voile de tristesse qui enveloppait l'inconnu. "Ça va ?"

L'homme leva les yeux vers elle, ses yeux reflétant la profondeur de l'océan lui-même. Il sourit faiblement et lui fit signe de s'asseoir à côté de lui.

"Bonjour," répondit-il doucement. "Je vais bien, merci. Juste perdu dans mes pensées, je suppose."

Marie s'assit à côté de lui, sentant une étrange connexion se former entre eux. Elle avait l'impression de le connaître depuis toujours, comme s'ils étaient deux âmes sœurs se retrouvant après une longue séparation.

Ils restèrent là, silencieux, regardant l'horizon avec une profonde contemplation. Le soleil montait lentement dans le ciel, peignant les nuages de teintes dorées et roses qui semblaient danser au gré du vent.

Finalement, l'homme rompit le silence, racontant à Marie l'histoire de sa vie et les défis auxquels il avait dû faire face. Il lui parla de ses rêves et de ses espoirs les plus profonds, ouvrant son cœur à la jeune femme avec une sincérité touchante.

Marie écouta attentivement, sentant chaque mot résonner en elle comme une vérité profonde. Elle avait l'impression de comprendre l'homme mieux que quiconque, de partager ses joies et ses peines d'une manière que seule l'océan pouvait comprendre.

Quand l'homme eut fini de parler, Marie sentit une étrange paix l'envahir. Elle savait qu'elle avait rencontré un ami précieux ce matin-là, quelqu'un qui la comprendrait mieux que quiconque au monde.

Ils se levèrent lentement et se regardèrent dans les yeux, un sourire chaleureux illuminant leur visage. Ils se serrèrent la main avec tendresse, savourant l'instant présent et la connexion spéciale qu'ils venaient de partager.

Puis, sans un mot de plus, ils se séparèrent, chacun repartant de son côté. Mais Marie savait qu'elle ne serait plus jamais la même après cette rencontre magique au bord de la mer.

Et alors qu'elle marchait lentement le long de la plage, sentant le vent caresser son visage et le soleil réchauffer son cœur, Marie sut qu'elle était enfin chez elle, en harmonie avec l'océan et le ciel, et avec elle-même.

A Stroll by the Sea

The sun rose gently over the coast, illuminating the golden sand and the waves breaking softly against the beach. Marie stood there, barefoot in the sand, gazing at the horizon with deep contemplation.

She loved coming here every morning, getting lost in the changing hues of the sky and the sea, letting her thoughts wander with the wind.

Marie had always been a dreamer, a wandering soul in search of beauty and meaning in this chaotic world. She enjoyed walking alone on the beach, soaking in the tranquility and serenity of the ocean.

But this morning, something was different. Marie felt a strange restlessness in the air, as if the world around her was about to change.

She began to walk along the beach, letting her bare feet sink into the wet sand. The waves brushed against her ankles, bringing a gentle coolness that soothed her heart.

As she walked, she noticed a solitary figure sitting on a rock, gazing at the horizon with an air of melancholy. Intrigued, Marie approached slowly, feeling a strange connection forming between her and the stranger.

"Hello," she said softly, trying to pierce the veil of sadness that enveloped the stranger. "Are you okay?"

The man looked up at her, his eyes reflecting the depth of the ocean itself. He smiled faintly and motioned for her to sit beside him.

"Hello," he replied softly. "I'm fine, thank you. Just lost in my thoughts, I suppose."

Marie sat down beside him, feeling a strange connection forming between them. She felt like she had known him forever, as if they were two kindred souls reuniting after a long separation.

They sat there, silent, gazing at the horizon with deep contemplation. The sun rose slowly in the sky, painting the clouds with golden and pink hues that seemed to dance with the wind.

Eventually, the man broke the silence, telling Marie the story of his life and the challenges he had faced. He spoke of his dreams and his deepest hopes, opening his heart to the young woman with touching sincerity.

Marie listened attentively, feeling every word resonate within her like a deep truth. She felt like she understood the man better than anyone else, sharing his joys and sorrows in a way only the ocean could understand.

When the man finished speaking, Marie felt a strange peace wash over her. She knew she had met a precious friend that morning, someone who would understand her better than anyone else in the world.

They rose slowly and looked into each other's eyes, a warm smile lighting up their faces. They clasped hands tenderly, savoring the present moment and the special connection they had just shared.

Then, without another word, they parted ways, each going their own way. But Marie knew she would never be the same after this magical encounter by the sea.

And as she walked slowly along the beach, feeling the wind caress her face and the sun warm her heart, Marie knew she was finally home, in harmony with the ocean and the sky, and with herself.

La Rêveuse

Dans un petit village paisible, niché au creux des collines verdoyantes, vivait une jeune femme nommée Sophie. Sophie était une rêveuse, toujours en quête de sens et d'aventure dans sa vie apparemment banale.

Un jour, alors qu'elle se promenait dans les rues pavées de son village, Sophie rencontra un étrange voyageur. Il était vêtu de haillons et portait un sac en toile sur le dos, mais ses yeux brillaient d'une sagesse ancienne.

"Bonjour, jeune fille", dit le voyageur avec un sourire chaleureux. "Je suis un homme de peu de mots, mais j'ai une histoire à te raconter."

Intriguée, Sophie s'assit sur un banc à côté du voyageur et l'écouta attentivement. Il lui raconta l'histoire d'un ancien chemin, caché au cœur de la forêt, qui prétendait être le chemin du destin.

"On dit que ceux qui parviennent à trouver ce chemin découvrent leur véritable destinée", expliqua le voyageur. "Mais le chemin est difficile à trouver, et seuls les plus déterminés et les plus courageux peuvent espérer le suivre."

Sophie écouta avec fascination, sentant une vague d'excitation monter en elle. Elle savait qu'elle devait trouver ce chemin et découvrir ce que le destin lui réservait.

Sans plus attendre, elle se leva et dit au revoir au voyageur. Elle se dirigea vers la lisière de la forêt, déterminée à trouver le chemin du destin.

Pendant des heures, elle arpenta les sentiers tortueux de la forêt, cherchant des indices qui pourraient la guider vers son destin. Elle passa devant des ruisseaux murmureurs et des arbres majestueux, écoutant attentivement les murmures de la nature.

Finalement, alors que le soleil commençait à se coucher à l'horizon, Sophie aperçut une lueur faible à travers les arbres. Intriguée, elle se dirigea vers elle, son cœur battant la chamade dans sa poitrine.

Elle arriva bientôt à une clairière enchantée, où un chemin pavé de pierres s'étendait devant elle. Sophie savait instinctivement que c'était le chemin du destin qu'elle avait tant cherché.

Sans hésiter, elle s'engagea sur le chemin, suivant les courbes et les tournants à travers la forêt sombre. Elle se sentait à la fois excitée et effrayée, se demandant ce qui l'attendait au bout du chemin.

Finalement, après une longue marche, Sophie atteignit une clairière isolée au cœur de la forêt. Au centre de la clairière se dressait un arbre ancien, dont les branches s'étiraient vers le ciel comme des doigts tendus vers les étoiles.

Sophie s'approcha de l'arbre avec respect, sentant une étrange énergie émaner de lui. Elle posa sa main sur l'écorce rugueuse et ferma les yeux, se laissant bercer par la tranquillité de l'endroit.

Soudain, une voix douce résonna dans son esprit, lui parlant dans un langage ancien et mystérieux. Sophie écouta attentivement, sentant chaque mot résonner en elle comme une vérité profonde.

La voix lui parla de son passé, de ses peurs et de ses espoirs les plus profonds. Elle lui révéla les secrets de son cœur et lui montra le chemin vers sa véritable destinée.

Quand Sophie ouvrit les yeux, elle se retrouva de retour dans son village, la lumière du soleil filtrant à travers les arbres. Elle se sentait à la fois épuisée et émerveillée par son voyage à travers la forêt, mais elle savait que quelque chose avait changé en elle.

Elle avait trouvé le chemin du destin et découvert sa véritable destinée.

Et même si elle ne savait pas ce que l'avenir lui réservait, elle savait qu'elle était prête à affronter chaque défi avec courage et détermination.

Car elle avait appris la plus grande leçon de toutes : que le véritable voyage n'est pas de trouver son destin, mais de créer son propre chemin vers le bonheur et la plénitude.

The Dreamer

In a peaceful little village nestled amidst the green hills, lived a young woman named Sophie. Sophie was a dreamer, always in search of meaning and adventure in her seemingly ordinary life.

One day, as she strolled through the cobblestone streets of her village, Sophie encountered a strange traveler. He was dressed in rags and carried a canvas sack on his back, but his eyes shone with ancient wisdom.

"Hello, young lady," said the traveler with a warm smile. "I am a man of few words, but I have a story to tell you."

Intrigued, Sophie sat down on a bench next to the traveler and listened intently. He told her the tale of an ancient path, hidden deep within the forest, that claimed to be the path of destiny.

"It is said that those who manage to find this path discover their true destiny," explained the traveler. "But the path is hard to find, and only the most determined and courageous can hope to follow it."

Sophie listened with fascination, feeling a wave of excitement building within her. She knew she had to find this path and discover what destiny held in store for her.

Without further ado, she rose to her feet and bid farewell to the traveler. She headed towards the edge of the forest, determined to find the path of destiny.

For hours, she wandered the winding trails of the forest, searching for clues that might guide her towards her destiny. She passed babbling brooks and towering trees, listening closely to the whispers of nature.

Finally, as the sun began to set on the horizon, Sophie caught sight of a faint glow through the trees. Intrigued, she made her way towards it, her heart pounding in her chest.

She soon arrived at an enchanted clearing, where a path paved with stones stretched out before her. Sophie instinctively knew that this was the path of destiny she had been seeking.

Without hesitation, she stepped onto the path, following its twists and turns through the dark forest. She felt both excited and afraid, wondering what awaited her at the end of the path.

Finally, after a long walk, Sophie reached a secluded clearing at the heart of the forest. At the center of the clearing stood an ancient tree, its branches reaching towards the sky like fingers stretched towards the stars.

Sophie approached the tree with reverence, feeling a strange energy emanating from it. She placed her hand on the rough bark and closed her eyes, allowing herself to be enveloped by the tranquility of the place.

Suddenly, a soft voice echoed in her mind, speaking to her in an ancient and mysterious language. Sophie listened intently, feeling each word resonate within her like a deep truth.

The voice spoke to her of her past, her fears, and her deepest hopes. It revealed to her the secrets of her heart and showed her the path to her true destiny.

When Sophie opened her eyes, she found herself back in her village, sunlight filtering through the trees. She felt both exhausted and awed by her journey through the forest, but she knew that something had changed within her.

She had found the path of destiny and discovered her true calling. And even though she did not know what the future held for her, she knew that she was ready to face every challenge with courage and determination.

For she had learned the greatest lesson of all: that the true journey is not to find one's destiny, but to create one's own path to happiness and fulfillment.

Les Nuages et la Pluie

Il était une fois dans un petit village, il y avait un vieux fermier nommé Pierre. Pierre était un homme bon et sage qui aimait observer la nature autour de lui. Chaque jour, il sortait de sa vieille maison en bois pour travailler dans ses champs, mais il prenait toujours le temps de lever les yeux vers le ciel pour voir ce que le temps lui réservait.

Un jour, alors qu'il se préparait à semer ses graines, il vit des nuages gris s'accumuler lentement dans le ciel. Il savait que cela signifiait qu'il allait bientôt pleuvoir. Pierre se sentit un peu inquiet. La pluie était nécessaire pour faire pousser ses cultures, mais trop de pluie pouvait causer des inondations et détruire ses récoltes.

Il décida de demander conseil aux nuages eux-mêmes. Il se dirigea donc vers le champ où les nuages semblaient les plus proches et il leva les bras vers le ciel.

"Oh, nuages!", appela-t-il. "Pouvez-vous m'entendre?"

Les nuages, qui semblaient danser dans le ciel, s'arrêtèrent un instant et se rassemblèrent autour de Pierre.

"Que puis-je faire pour vous, cher fermier?" demanda le plus gros nuage, qui semblait être le chef de tous.

"Je crains que votre pluie ne soit trop abondante et ne cause des dommages à mes cultures", dit Pierre avec préoccupation. "Pourriez-vous s'il vous plaît être doux avec votre pluie cette fois-ci?"

Les nuages se regardèrent les uns les autres, puis le chef nuage parla à nouveau. "Nous comprenons vos préoccupations, cher fermier. Nous ferons de notre mieux pour contrôler la quantité de pluie que nous laisserons tomber."

Pierre sourit, reconnaissant pour la gentillesse des nuages. Il retourna à ses champs et commença à semer ses graines, sachant qu'il pouvait compter sur les nuages pour l'aider.

Les jours passèrent et les nuages continuèrent à flotter dans le ciel, apportant parfois de petites pluies rafraîchissantes qui nourrissaient les cultures de Pierre sans causer de dégâts.

Un matin, alors que Pierre inspectait ses plantes, il entendit un murmure doux et rafraîchissant autour de lui. Il leva les yeux et vit les nuages qui lui souriaient depuis le ciel.

"Nous sommes reconnaissants de votre compréhension et de votre confiance en nous, cher Pierre", dirent les nuages d'une voix harmonieuse. "Nous continuerons à veiller sur vos terres avec soin."

Pierre se sentit rempli de joie en entendant les paroles amicales des nuages. Il savait qu'il avait établi une connexion spéciale avec eux et qu'ils veilleraient toujours sur lui et sur ses cultures.

Les saisons passèrent, et chaque année, les nuages continuaient à apporter la pluie nécessaire pour que les champs de Pierre prospèrent. Le vieux fermier était reconnaissant pour leur amitié et leur bienveillance.

Un jour, alors qu'il était assis sur le porche de sa maison, contemplant le magnifique coucher de soleil, Pierre sentit une goutte de pluie sur son visage. Il leva les yeux et vit les nuages qui s'approchaient lentement, apportant avec eux une pluie douce et apaisante.

"Merci, mes chers amis", murmura Pierre en levant les bras vers le ciel. "Vous avez toujours été là pour moi, et je serai éternellement reconnaissant."

Les nuages répondirent par un doux grondement de tonnerre, semblant dire que c'était un plaisir pour eux d'aider leur ami Pierre.

Et ainsi, l'amitié entre Pierre et les nuages dura toute sa vie, apportant la prospérité et le bonheur à son petit village pour les générations à venir.

The Clouds and the Rain

Once upon a time in a small village, there was an old farmer named Pierre. Pierre was a good and wise man who loved to observe the nature around him. Every day, he would step out of his old wooden house to work in his fields, but he always took the time to look up at the sky to see what the weather had in store for him.

One day, as he was preparing to sow his seeds, he saw gray clouds slowly gathering in the sky. He knew that meant it would soon rain. Pierre felt a little worried. Rain was needed to grow his crops, but too much rain could cause floods and destroy his harvest.

He decided to seek advice from the clouds themselves. So, he headed towards the field where the clouds seemed closest and raised his arms towards the sky.

"Oh, clouds!" he called out. "Can you hear me?"

The clouds, seeming to dance in the sky, paused for a moment and gathered around Pierre.

"What can I do for you, dear farmer?" asked the largest cloud, who seemed to be the leader of them all.

"I fear that your rain might be too heavy and cause damage to my crops," said Pierre with concern. "Could you please be gentle with your rain this time?"

The clouds looked at each other, then the chief cloud spoke again. "We understand your concerns, dear farmer. We will do our best to control the amount of rain we will let fall."

Pierre smiled, grateful for the kindness of the clouds. He returned to his fields and began sowing his seeds, knowing he could rely on the clouds to help him.

Days passed, and the clouds continued to float in the sky, sometimes bringing small refreshing rains that nourished Pierre's crops without causing any damage.

One morning, as Pierre inspected his plants, he heard a soft, refreshing murmur around him. He looked up and saw the clouds smiling down at him from the sky.

"We are grateful for your understanding and trust in us, dear Pierre," said the clouds in a harmonious voice. "We will continue to watch over your lands with care."

Pierre felt filled with joy hearing the friendly words of the clouds. He knew he had established a special connection with them, and they would always watch over him and his crops.

The seasons passed, and each year, the clouds continued to bring the necessary rain for Pierre's fields to thrive. The old farmer was grateful for their friendship and kindness.

One day, as he sat on the porch of his house, admiring the beautiful sunset, Pierre felt a raindrop on his face. He looked up and saw the clouds slowly approaching, bringing with them a gentle and soothing rain.

"Thank you, my dear friends," Pierre murmured, raising his arms towards the sky. "You have always been there for me, and I will be forever grateful."

The clouds responded with a soft rumble of thunder, seeming to say that it was their pleasure to help their friend Pierre.

And so, the friendship between Pierre and the clouds lasted a lifetime, bringing prosperity and happiness to his small village for generations to come.

Elle est entrée dans la pièce

Il était une fois, dans une petite ville, une jeune femme nommée Sophie. Sophie était une femme ordinaire, avec une vie ordinaire. Elle travaillait dans un bureau et rentrait chez elle chaque soir pour dîner seule.

Un jour, alors qu'elle rentrait chez elle après une journée de travail fatigante, Sophie décida de faire quelque chose de différent. Elle avait entendu parler d'un club de danse dans sa ville et avait toujours voulu apprendre à danser. Alors, elle prit une grande inspiration et se dirigea vers le club.

Quand elle entra, la musique et les lumières vives la firent sourire. Elle se sentait un peu nerveuse, mais elle était déterminée à essayer quelque chose de nouveau. Elle s'approcha du bar et commanda un verre d'eau pour se donner du courage.

Alors qu'elle buvait son verre, Sophie regarda autour d'elle et vit des gens danser avec grâce et aisance sur la piste de danse. Elle se sentit un peu intimidée, se demandant si elle serait capable de faire de même.

Mais soudain, une chanson entraînante commença à jouer, et Sophie sentit l'excitation monter en elle. Elle se leva de son siège, balaya sa timidité et se dirigea vers la piste de danse.

Elle commença à bouger au rythme de la musique, laissant son corps se perdre dans les mouvements. Au début, elle se sentait un peu maladroite, mais à mesure que la chanson continuait, elle commença à se sentir plus à l'aise.

Bientôt, Sophie se rendit compte qu'elle s'amusait vraiment. Elle laissa ses soucis de côté et se laissa emporter par la musique, se laissant guider par le rythme et les pas de danse des autres.

Alors qu'elle dansait, elle remarqua un homme assis seul à une table près de la piste de danse. Il la regardait avec un sourire encourageant, comme s'il l'encourageait à continuer.

Sophie lui rendit son sourire et continua à danser avec enthousiasme. Elle se sentait légère et libre, comme si elle avait enfin trouvé quelque chose qui lui apportait de la joie dans sa vie quotidienne.

La chanson prit fin, et Sophie s'arrêta pour reprendre son souffle. Elle se dirigea vers le bar pour se rafraîchir, se sentant fière d'avoir surmonté sa timidité et essayé quelque chose de nouveau.

Alors qu'elle sirotait son verre, l'homme qu'elle avait remarqué plus tôt s'approcha d'elle avec un sourire chaleureux.

"Tu danses très bien", lui dit-il. "Je m'appelle Marc. Veux-tu danser avec moi?"

Sophie sentit son cœur battre un peu plus vite à la perspective de danser avec un inconnu, mais elle se sentait également excitée par l'idée. Elle sourit et accepta son offre.

Les deux se dirigèrent vers la piste de danse et commencèrent à danser ensemble. Sophie se sentit à l'aise avec Marc, comme si elle le connaissait depuis toujours. Ils rirent et bavardèrent tout en dansant, partageant des histoires sur leur vie et leurs passions.

La soirée passa rapidement, et bientôt, il fut temps de partir. Sophie se rendit compte qu'elle avait passé une soirée incroyable et qu'elle avait fait une nouvelle amitié en Marc.

Alors qu'elle quittait le club ce soir-là, Sophie se sentit reconnaissante d'avoir eu le courage d'essayer quelque chose de nouveau.

Et alors qu'elle marchait dans la nuit, les étoiles brillantes au-dessus d'elle, Sophie savait qu'elle était prête à continuer à explorer le monde et à saisir chaque opportunité qui se présentait à elle, grâce à sa nouvelle confiance en elle et à sa détermination à suivre son cœur.

She Walked into the Room

Once upon a time, in a small town, there was a young woman named Sophie. Sophie was an ordinary woman, with an ordinary life. She worked in an office and went home every evening to dine alone.

One day, as she was heading home after a tiring day at work, Sophie decided to do something different. She had heard about a dance club in her town and had always wanted to learn how to dance. So, she took a deep breath and headed to the club.

As she walked in, the music and bright lights made her smile. She felt a little nervous, but she was determined to try something new. She approached the bar and ordered a glass of water to give herself some courage.

As she sipped her drink, Sophie looked around and saw people dancing gracefully and effortlessly on the dance floor. She felt a bit intimidated, wondering if she would be able to do the same.

But suddenly, a catchy song started playing, and Sophie felt excitement bubbling up inside her. She got up from her seat, brushed away her shyness, and made her way to the dance floor.

She started moving to the rhythm of the music, letting her body get lost in the movements. At first, she felt a bit awkward, but as the song continued, she began to feel more comfortable.

Soon, Sophie realized that she was really enjoying herself. She let go of her worries and let herself be carried away by the music, following the rhythm and dance steps of others.

As she danced, she noticed a man sitting alone at a table near the dance floor. He was watching her with an encouraging smile, as if cheering her on.

Sophie smiled back at him and continued dancing with enthusiasm. She felt light and free, as if she had finally found something that brought her joy in her everyday life.

The song came to an end, and Sophie stopped to catch her breath. She made her way to the bar to freshen up, feeling proud of herself for overcoming her shyness and trying something new.

As she sipped her drink, the man she had noticed earlier approached her with a warm smile.

"You dance very well," he said. "My name is Marc. Would you like to dance with me?"

Sophie felt her heart beat a little faster at the prospect of dancing with a stranger, but she also felt excited at the idea. She smiled and accepted his offer.

The two of them made their way to the dance floor and started dancing together. Sophie felt comfortable with Marc, as if she had known him forever. They laughed and chatted as they danced, sharing stories about their lives and passions.

The evening passed quickly, and soon, it was time to leave. Sophie realized that she had had an amazing evening and had made a new friendship in Marc.

As she left the club that night, Sophie felt grateful for having had the courage to try something new.

And as she walked into the night, the bright stars above her, Sophie knew that she was ready to continue exploring the world and seizing every opportunity that came her way, thanks to her newfound confidence and determination to follow her heart.

Le Café Mystérieux

Dans un petit village pittoresque, il y avait une cafétéria appelée "Le Café Mystérieux". Ce café était différent des autres. Non seulement il servait le meilleur café du village, mais il était également réputé pour ses pâtisseries extraordinaires.

Un jour, un homme nommé Jacques entra dans le café. Jacques était un passionné de café et il avait entendu parler des merveilles de "Le Café Mystérieux" de la part de ses amis. Il décida donc de le découvrir par lui-même.

Lorsqu'il entra, il fut accueilli par une atmosphère chaleureuse et accueillante. Le propriétaire du café, un homme souriant portant un tablier blanc, lui fit signe de s'asseoir à une table près de la fenêtre.

Jacques regarda le menu et fut surpris de voir des noms de pâtisseries très étranges comme "Tarte au Chocolat Volcanique" et "Éclair de Lune Scintillant". Intrigué, il décida de commander un café et une part de "Gâteau Enchanté".

Quand sa commande arriva, Jacques fut ébahi par la beauté du gâteau. Il était décoré de glaçage scintillant et de petits éclats d'or. Il prit une bouchée et fut transporté dans un monde de saveurs délicieuses et magiques. C'était le meilleur gâteau qu'il ait jamais goûté.

Pendant qu'il dégustait son dessert, Jacques remarqua quelque chose d'étrange. Les clients du café semblaient tous être des personnages de contes de fées. Il y avait des fées, des sorcières, et même un géant assis à une table voisine.

Jacques se frotta les yeux, pensant qu'il devait rêver. Mais quand il regarda à nouveau, les clients étaient toujours là, discutant et riant comme s'ils étaient de vieux amis.

Il décida de poser des questions au propriétaire du café. "Excusez-moi", dit-il timidement, "mais pourquoi tous les clients de ce café semblent-ils sortis d'un conte de fées?"

Le propriétaire sourit. "C'est parce que ce café est un lieu magique", répondit-il. "Chaque personne qui entre ici voit ses rêves les plus chers se réaliser."

Jacques était étonné. Il avait du mal à croire que ce café pouvait être aussi spécial. Mais alors, il se souvint de toutes les fois où il avait rêvé de choses extraordinaires comme voler comme un oiseau ou devenir un grand explorateur.

Il se mit à imaginer ce que serait sa vie s'il pouvait réaliser tous ses rêves. Il se voyait parcourant le monde, découvrant de nouvelles contrées et vivant des aventures palpitantes.

Soudain, il se sentit empli d'une énergie nouvelle et excitante. Il avait l'impression que tout était possible, que rien ne pouvait l'arrêter dans la poursuite de ses rêves les plus fous.

Jacques se leva de sa chaise, déterminé à commencer sa nouvelle vie d'aventures. Il remercia le propriétaire du café pour cette expérience incroyable et promit de revenir un jour.

Alors qu'il sortait du café, Jacques sentit une légère brise sur son visage. Il leva les yeux vers le ciel et vit un arc-en-ciel éclatant qui s'étendait au-dessus du village.

Il sourit, sachant que le monde était rempli de possibilités infinies, et que tout ce qu'il avait à faire était de suivre ses rêves, peu importe à quel point ils semblaient impossibles.

Et ainsi, Jacques partit à l'aventure, prêt à vivre chaque instant avec émerveillement et enthousiasme, inspiré par son passage au "Café Mystérieux" et les promesses magiques qu'il contenait.

The Mysterious Café

In a picturesque little village, there was a cafeteria called "The Mysterious Café". This café was different from the others. Not only did it serve the best coffee in the village, but it was also renowned for its extraordinary pastries.

One day, a man named Jacques walked into the café. Jacques was a coffee enthusiast, and he had heard about the wonders of "The Mysterious Café" from his friends. So, he decided to discover it for himself.

As he entered, he was greeted by a warm and welcoming atmosphere. The café owner, a smiling man wearing a white apron, gestured for him to sit at a table near the window.

Jacques looked at the menu and was surprised to see very strange pastry names like "Volcanic Chocolate Tart" and "Sparkling Moon Eclair". Intrigued, he decided to order a coffee and a slice of "Enchanted Cake".

When his order arrived, Jacques was amazed by the beauty of the cake. It was decorated with sparkling icing and tiny specks of gold. He took a bite and was transported into a world of delicious and magical flavors. It was the best cake he had ever tasted.

As he savored his dessert, Jacques noticed something strange. The café customers all seemed to be characters from fairy tales. There were fairies, witches, and even a giant sitting at a nearby table.

Jacques rubbed his eyes, thinking he must be dreaming. But when he looked again, the customers were still there, chatting and laughing as if they were old friends.

He decided to ask the café owner some questions. "Excuse me," he said timidly, "but why do all the customers in this café seem to come out of a fairy tale?"

The owner smiled. "That's because this café is a magical place," he replied. "Every person who enters here sees their dearest dreams come true."

Jacques was astonished. He found it hard to believe that this café could be so special. But then, he remembered all the times he had dreamed of extraordinary things like flying like a bird or becoming a great explorer.

He began to imagine what his life would be like if he could make all his dreams come true. He saw himself traveling the world, discovering new lands, and living thrilling adventures.

Suddenly, he felt filled with a new and exciting energy. He felt like anything was possible, like nothing could stop him in pursuit of his wildest dreams.

Jacques stood up from his chair, determined to start his new life of adventures. He thanked the café owner for this incredible experience and promised to come back someday.

As he walked out of the café, Jacques felt a gentle breeze on his face. He looked up at the sky and saw a brilliant rainbow stretching over the village.

He smiled, knowing that the world was full of endless possibilities, and all he had to do was follow his dreams, no matter how impossible they seemed.

And so, Jacques set off on his adventure, ready to live every moment with wonder and enthusiasm, inspired by his visit to the "Mysterious Café" and the magical promises it held.

La Rivière

Au cœur d'une vallée verdoyante, il y avait une rivière tranquille appelée La Sereine. La Sereine était aimée de tous les habitants du village voisin. Ils venaient souvent se promener le long de ses rives et s'émerveillaient devant sa beauté apaisante.

Un jour, une pluie fine commença à tomber sur la vallée. Les gouttes de pluie caressaient doucement la surface de la rivière, créant de petits cercles qui se propageaient à travers l'eau.

La rivière était ravie de cette pluie bienvenue. Elle accueillait chaque goutte avec joie, sentant sa fraîcheur rafraîchir son cours. Les arbres bordant ses rives semblaient danser de bonheur sous la pluie, tandis que les oiseaux chantaient des chansons de gratitude dans les branches.

Pendant ce temps, à quelques pas de la rivière, se trouvait une vieille maison en pierre où habitait une femme nommée Marie. Marie aimait regarder la rivière depuis sa fenêtre. Elle aimait voir comment elle changeait au fil des saisons, comment elle reflétait le ciel bleu ou les nuages gris.

Mais ce jour-là, Marie était triste. La pluie battante lui rappelait une époque où elle était jeune et où elle aimait se promener sous la pluie avec son mari. Maintenant, son mari n'était plus là, et la pluie ne lui apportait que de la solitude et de la tristesse.

Alors qu'elle regardait la pluie tomber, elle entendit soudain un bruit étrange venant de la rivière. C'était comme si la rivière lui parlait, comme si elle voulait lui dire quelque chose.

Intriguée, Marie se leva de son fauteuil et se dirigea vers la fenêtre. Elle regarda la rivière et lui demanda doucement : "Que veux-tu me dire, ma chère rivière ?"

La rivière murmura doucement en réponse : "Ne sois pas triste, chère Marie. La pluie peut apporter de la joie et de la vie, même dans les moments les plus sombres."

Marie fut étonnée d'entendre la voix de la rivière. Elle se sentait soudain moins seule, comme si la rivière était son amie fidèle qui partageait ses peines.

Elle sourit et dit à la rivière : "Merci, ma chère amie. Je vais essayer de trouver la joie même dans la pluie."

La pluie continua de tomber doucement sur la vallée, mais cette fois-ci, Marie ne se sentait plus triste. Elle se sentait reconnaissante pour la pluie qui nourrissait la terre et apportait la vie à la nature qui l'entourait.

Elle décida de sortir de chez elle et de se promener le long des rives de la rivière. Elle sentit la fraîcheur de la pluie sur son visage et entendit le doux murmure de la rivière qui l'entourait.

Alors qu'elle marchait, elle rencontra un jeune homme assis sur un banc près de la rivière. Il semblait perdu dans ses pensées, regardant distraitement l'eau qui s'écoulait.

Marie s'approcha de lui et lui dit doucement : "Bonjour, jeune homme. Que fais-tu ici seul sous la pluie?"

Le jeune homme leva les yeux vers elle, et Marie vit qu'il avait les yeux pleins de tristesse. Il lui expliqua qu'il avait perdu son chemin en se promenant dans la vallée et qu'il ne savait pas comment rentrer chez lui.

Marie sourit et lui dit : "Ne t'en fais pas, jeune homme. Je vais t'aider à retrouver ton chemin."

Elle prit sa main et l'emmena à travers la vallée, lui montrant les chemins qu'elle connaissait si bien. Le jeune homme semblait se sentir plus léger à mesure qu'ils avançaient, et bientôt, ils arrivèrent à la lisière du village.

Le jeune homme la remercia chaleureusement et s'apprêta à partir. Mais avant de partir, il se retourna vers Marie et lui dit : "Merci de m'avoir aidé, madame. Je me sens moins perdu maintenant."

Marie retourna chez elle, le cœur léger, sachant que même dans les moments les plus sombres, il y avait toujours de la lumière à trouver. Et elle savait qu'elle pouvait toujours compter sur sa chère amie, la rivière, pour lui rappeler cette vérité simple mais puissante.

51

The River

In the heart of a green valley, there was a tranquil river called La Sereine. La Sereine was beloved by all the inhabitants of the nearby village. They would often come to stroll along its banks and marvel at its soothing beauty.

One day, a gentle rain began to fall over the valley. The raindrops gently caressed the surface of the river, creating small circles that spread across the water.

The river was delighted by this welcome rain. It welcomed each drop with joy, feeling its coolness refreshing its flow. The trees lining its banks seemed to dance with happiness in the rain, while the birds sang songs of gratitude from the branches.

Meanwhile, just a few steps away from the river, stood an old stone house where a woman named Marie lived. Marie loved to watch the river from her window. She enjoyed seeing how it changed with the seasons, how it reflected the blue sky or the gray clouds.

But on that day, Marie was sad. The pouring rain reminded her of a time when she was young and used to enjoy walking in the rain with her husband. Now, her husband was no longer there, and the rain brought her only loneliness and sadness.

As she watched the rain fall, she suddenly heard a strange sound coming from the river. It was as if the river was talking to her, as if it wanted to tell her something.

Intrigued, Marie got up from her armchair and walked to the window. She looked at the river and gently asked it: "What do you want to tell me, my dear river?"

The river murmured softly in response: "Do not be sad, dear Marie. The rain can bring joy and life, even in the darkest moments."

Marie was astonished to hear the voice of the river. She suddenly felt less alone, as if the river was her faithful friend sharing her sorrows.

She smiled and said to the river: "Thank you, my dear friend. I will try to find joy even in the rain."

The rain continued to fall gently over the valley, but this time, Marie did not feel sad anymore. She felt grateful for the rain nourishing the earth and bringing life to the surrounding nature.

She decided to step out of her house and take a walk along the riverbanks. She felt the coolness of the rain on her face and heard the gentle murmur of the river surrounding her.

As she walked, she met a young man sitting on a bench near the river. He seemed lost in his thoughts, gazing absentmindedly at the flowing water.

Marie approached him and said softly: "Hello, young man. What are you doing here alone in the rain?"

The young man looked up at her, and Marie saw that his eyes were filled with sadness. He explained that he had lost his way while walking in the valley and didn't know how to find his way back home.

Marie smiled and said: "Don't worry, young man. I will help you find your way."

She took his hand and led him through the valley, showing him the paths she knew so well. The young man seemed to feel lighter as they walked, and soon, they arrived at the edge of the village.

The young man thanked her warmly and prepared to leave. But before he left, he turned to Marie and said: "Thank you for helping me, madam. I feel less lost now."

Marie returned home, her heart light, knowing that even in the darkest moments, there was always light to be found. And she knew that she could always rely on her dear friend, the river, to remind her of this simple yet powerful truth.

Ai-je encore une chance?

Il était une fois, dans une petite ville tranquille, vivait un homme nommé Pierre. Pierre était un homme aimable et travailleur, mais il se sentait souvent seul et découragé. Il avait toujours rêvé de devenir musicien, mais la vie l'avait conduit sur un chemin différent.

Chaque jour, Pierre se rendait à son travail dans un bureau gris et monotone. Il passait ses journées à faire des tâches ennuyeuses sur un ordinateur, rêvant secrètement du jour où il pourrait enfin réaliser son rêve de musique.

Un soir, alors qu'il rentrait chez lui après une longue journée de travail, Pierre entendit de la musique douce flottant dans l'air. Il s'arrêta, écoutant attentivement, et suivit le son jusqu'à un petit café au coin de la rue.

En entrant, il vit un groupe de musiciens jouer sur scène, remplissant la pièce de mélodies joyeuses. Pierre se sentit immédiatement transporté par la musique. Il ferma les yeux et laissa les notes le bercer, oubliant pour un instant les soucis de sa vie quotidienne.

Après le spectacle, Pierre s'approcha des musiciens avec un sourire timide. "Vous étiez incroyables", leur dit-il. "Je suis moi-même un passionné de musique, mais je n'ai jamais eu le courage de poursuivre mon rêve."

Les musiciens sourirent chaleureusement à Pierre. "Il n'est jamais trop tard pour réaliser ses rêves", lui dirent-ils. "Si vous avez la passion et la détermination, vous pouvez accomplir tout ce que vous voulez."

Les mots des musiciens résonnèrent dans l'esprit de Pierre alors qu'il rentrait chez lui ce soir-là. Il savait qu'ils avaient raison. Peut-être était-il temps pour lui de reprendre sa passion pour la musique et de poursuivre son rêve longtemps enfoui.

Le lendemain, Pierre se rendit dans un magasin de musique et acheta une guitare. Il commença à pratiquer chaque jour, apprenant de nouvelles chansons et explorant les différentes possibilités offertes par l'instrument. Au début, ce n'était pas facile. Pierre se sentait maladroit et incertain de lui-même. Mais il persista, se rappelant les paroles inspirantes des musiciens du café.

Peu à peu, Pierre commença à remarquer des progrès. Ses doigts devenaient plus agiles, sa technique s'améliorait, et bientôt, il pouvait jouer des chansons entières sans faute.

Un jour, alors qu'il jouait de sa guitare dans le parc, Pierre entendit une voix familière derrière lui. C'était un des musiciens du café. Il s'approcha de Pierre avec un sourire encourageant.

"Tu es vraiment doué", lui dit-il. "Tu as fait d'énormes progrès en si peu de temps."

Pierre rougit de plaisir. Les mots d'encouragement du musicien lui donnèrent confiance en lui et renforcèrent sa détermination à poursuivre son rêve.

Les semaines passèrent, et Pierre continua à s'entraîner avec ardeur. Il commença à jouer dans de petits concerts locaux, partageant sa musique avec les autres et trouvant un véritable bonheur dans chaque note qu'il jouait.

Un soir, alors qu'il se produisait sur scène devant une foule enthousiaste, Pierre regarda autour de lui et réalisa à quel point sa vie avait changé. Il avait trouvé le courage de poursuivre son rêve de musique, et cela avait transformé sa vie de façon inattendue.

En rentrant chez lui ce soir-là, Pierre se sentit reconnaissant pour chaque étape de son voyage. Il savait maintenant qu'il avait encore une chance de réaliser ses rêves, peu importe à quel point ils semblaient impossibles.

Et alors qu'il s'endormait, une mélodie douce et apaisante dans son cœur, Pierre savait qu'il avait enfin trouvé sa voie dans la vie, grâce à sa passion pour la musique et à sa détermination à suivre ses rêves, peu importe les obstacles.

Do I Still Have a Chance?

Once upon a time, in a quiet little town, there lived a man named Pierre. Pierre was a kind and hardworking man, but he often felt lonely and discouraged. He had always dreamed of becoming a musician, but life had led him down a different path.

Every day, Pierre went to his job in a dull and monotonous office. He spent his days doing boring tasks on a computer, secretly dreaming of the day when he could finally pursue his music dream.

One evening, as he was heading home after a long day at work, Pierre heard soft music floating in the air. He stopped, listening carefully, and followed the sound to a small café on the corner of the street.

Upon entering, he saw a group of musicians playing on stage, filling the room with joyful melodies. Pierre immediately felt transported by the music. He closed his eyes and let the notes sway him, forgetting for a moment the worries of his daily life.

After the show, Pierre approached the musicians with a shy smile. "You were amazing," he told them. "I myself am a music enthusiast, but I never had the courage to pursue my dream."

The musicians smiled warmly at Pierre. "It's never too late to chase your dreams," they told him. "If you have the passion and determination, you can accomplish anything you want."

The musicians' words echoed in Pierre's mind as he walked home that night. He knew they were right. Perhaps it was time for him to reignite his passion for music and pursue his long-buried dream.

The next day, Pierre went to a music store and bought a guitar. He began practicing every day, learning new songs and exploring the different possibilities offered by the instrument.

At first, it wasn't easy. Pierre felt clumsy and unsure of himself. But he persisted, remembering the inspiring words of the café musicians.

Gradually, Pierre began to notice progress. His fingers became more nimble, his technique improved, and soon, he could play entire songs without a mistake.

One day, as he played his guitar in the park, Pierre heard a familiar voice behind him. It was one of the café musicians. He approached Pierre with an encouraging smile.

"You're really talented," he told him. "You've made tremendous progress in such a short time."

Pierre blushed with pleasure. The musician's words boosted his confidence and reinforced his determination to pursue his dream.

Weeks passed, and Pierre continued to practice diligently. He began playing in small local concerts, sharing his music with others and finding true happiness in every note he played.

One evening, as he performed on stage in front of an enthusiastic crowd, Pierre looked around him and realized how much his life had changed. He had found the courage to pursue his music dream, and it had transformed his life in unexpected ways.

As he returned home that night, Pierre felt grateful for every step of his journey. He now knew that he still had a chance to pursue his dreams, no matter how impossible they seemed.

And as he drifted off to sleep, a sweet and soothing melody in his heart, Pierre knew that he had finally found his way in life, thanks to his passion for music and his determination to follow his dreams, no matter the obstacles.